BIOGRAPHIE

DE MENNECHET

COURONNÉE

PAR LA SOCIÉTÉ ACADÉMIQUE

DE NANTES

Dans sa séance solennelle du 18 novembre 1860.

PAR Mlle HUBANS.

NANTES,

Ve MELLINET, IMPRIMEUR DE LA SOCIÉTÉ ACADÉMIQUE,

Place du Pilori, 5.

1861

BIOGRAPHIE

DE MENNECHET

Par Mlle HUBANS.

> La biographie est la représentation morale de l'homme tout entier, comme le portrait en est la représentation physique.
>
> MENNECHET.

Dans l'immense quantité d'hommes de lettres qui surgissent à certaines époques, combien qui, sans génie et même sans talent, après avoir abaissé la noble profession des arts au métier vulgaire, passent inconnus, meurent oubliés ; combien d'autres, doués d'instruction, de mérite et de cœur, sont menacés du même sort, parce que la droiture de leur caractère, leur modestie, la répugnance qu'éprouvent certaines natures à employer les réclames de la publicité, les forcent à se tenir dans l'ombre et à attendre de l'avenir la récompense qu'ils espèrent. N'est-ce pas un devoir pour ceux qui héritent des œuvres accomplies par un esprit vigilant, de venir lui payer un tribut d'admiration et de gratitude, et redemander au passé comment l'historien s'est approprié de si vastes connaissances, comment l'érudit, fouillant dans les vieux vestiges, a retrouvé la lumière pour remplacer l'erreur accréditée ? N'est-il pas intéressant, non-seulement de suivre dans une laborieuse existence les travaux intellectuels, mais l'homme privé, qui n'est complet, selon nous, que si l'honorabilité de sa vie, la noblesse de ses actions, répondent à l'idée que son talent avait fait concevoir de son caractère, et s'il a pu léguer, avec les fruits du labeur, l'exemple d'une mission honnêtement remplie. Mennechet, à tous ses titres, devait fixer l'attention de la postérité et particulièrement de sa ville natale, sans que cependant aucun écrivain lui ait rendu, dans une notice développée et complète, la justice qu'il méritait si bien. En essayant d'accomplir cette tâche, je n'ai rien négligé pour rester dans les limites de la plus rigoureuse exactitude. Dans mes différents voyages à Paris, j'ai puisé parmi les souvenirs que gardent encore ses contemporains. Parvenue même à entrer en relation avec Mme veuve Mennechet, je dois à son obligeance extrême des renseignements qui, je le dis avec reconnaissance, ont adouci et favorisé le travail si aride de nombreuses recherches.

Mennechet, petit neveu du célèbre La Peyrouse, naquit à Nantes, le 25 mars 1794 (1). Il était encore enfant quand il perdit son père, capitaine de vaisseau, qui fut massacré dans les prisons de Saint-Domingue. La pauvre veuve, privée de tout appui dans ce monde, sans aucune fortune, fut accablée de douleur par ce coup imprévu. Seule espérance, son enfant lui restait. Auprès d'une tombe, un berceau console : c'est le lien qui rattache à l'existence et inspire la force et le dévoûment.

(1) Le six germinal, l'an deux de la République une et indivisible, à cinq heures du soir, devant moi, Jean Thomas Peylet, officier public élu pour constater l'état civil des citoyens, a comparu en la maison commune, Louis-Gabriel-Abraham Mennechet, marin, âgé de trente-huit ans, natif de la commune de Saint-Quentin, département de l'Aisne, marié au ci-devant Saint-Nicolas de Nantes, le trente-un octobre mil-huit cent quatre-vingt-onze, et domicilié en cette municipalité, rue Bayle, section l'Egalité ; lequel, assisté de Jacques Marion, marchand de toiles, âgé de soixante-deux ans, demeurant dite rue Bayle, et Félix-Yves Cochard, marin, âgé de quarante-trois ans, demeurant quai et section la Fosse,

Mme Mennechet, courageuse mère, concentra sur son fils toutes ses tendresses, et forte de sa foi et de sa résignation, supporta les épreuves avec courage, en s'attachant aux pas de celui qui grandissait sous son œil maternel. Elle réclama et obtint une bourse au collége d'Angers. Avec une entière abnégation, elle dit adieu aux amis nombreux qu'elle avait su se faire dans son pays, et partit pour suivre le jeune Edouard, qui fit de remarquables études, prélude du bel avenir que ses facultés vives et brillantes lui préparaient. Il se distingua dès lors par la publication d'une ode sur la naissance du roi de Rome, insérée en 1811 dans les *Hommages poétiques* de Lucet. Ses professeurs avaient pour lui cette prédilection particulière qu'inspirent toujours l'intelligence active, l'exactitude au travail, unies au caractère aimable, fin, enjoué qui fait le charme et l'agrément de toute société. Sorti du collége, il se rendit à Paris pour y faire son droit. Ces nouvelles dépenses imposaient à Mme Mennechet de durs sacrifices, que son fils comprit et ne voulut pas lui faire subir plus longtemps. Il songea sérieusement alors à alléger les charges de sa mère et à lui créer une existence plus heureuse. Dès l'âge de vingt-un ans, en 1815, il obtint d'être choisi pour secrétaire du duc de Duras, premier gentilhomme de la chambre du roi. Cet emploi était d'autant plus à son gré, qu'il pouvait sans contrainte se livrer à sa passion pour les lettres, pendant

m'a déclaré que Louise-Perrine Landeau, son épouse, âgée de vingt-six ans, native du ci-devant Sainte-Croix de Nantes, est accouchée hier soir, à dix heures, en son dit domicile, d'un enfant mâle, qu'il m'a présenté et auquel il a donné le prénom d'Edouard. D'après cette déclaration que les témoins ci-dessus ont certifiée véritable, j'ai rédigé le présent acte, que le père et ses témoins ont signé avec moi lesdits jour et an.

Signé : MENNECHET, MARION, COCHARD et PEYLET, officier public.

(Extrait des registres des Actes de naissances de la ville de Nantes, département de la Loire-Inférieure.)

qu'admis chez Mme de Duras, il voyait passer sous ses yeux, dans les salons de l'aimable et spirituelle duchesse, toutes les sommités du grand monde et des arts. Le contact d'une société réunissant toutes les élégances, souverainement bon juge en fait de mérite (1), devait épurer le goût du jeune artiste et achever de diriger les penchants que déjà, pour l'étude littéraire, il avait sentis se révéler en lui. Désormais tous ses loisirs appartinrent à la culture de son talent. Assidu au Théâtre-Français, placé alors sous les ordres de M. de Duras, il y passait ses soirées. Ce fut pour lui un véritable enseignement que d'assister à la lutte si vive entre les classiques et les romantiques. Le classisme, parvenu à son plus haut point de perfection, ne produisait que de pâles imitations des chefs-d'œuvre du XVIIe siècle. Le romantisme ouvrait aux inspirations du génie un champ nouveau où la main du travailleur pouvait cueillir d'amples et riches moissons. De grands talents étaient entrés dans la route, et sur leurs pas marchaient les jeunes auteurs enthousiastes et ardents. Malheureusement, ceux-ci ne se contentèrent pas de puiser dans les sources intarissables de la pensée, du sentiment et de la nature : ils dépassèrent les limites du vrai et du beau. Leur dédain des règles, et surtout des tendances élevées que doit conserver l'art, opéra une scission violente entre eux et tous ceux qui voulaient que le goût, la correction et les formes pures marchassent de pair avec les idées nouvelles.

Mennechet débuta par *Caton d'Utique*, tragédie en trois actes, imitée d'Addisson. Heureux essai d'un talent qui donnait les plus belles espérances, cette pièce eut l'honneur d'être reçue au

---

(1) Mme la duchesse de Duras, auteur de la charmante petite nouvelle *Ourica*, et de quelques autres ouvrages remarquables, était l'amie de Mme de Staël et recevait, en outre, les littérateurs les plus distingués de l'époque : Châteaubriand, Lamartine, etc.

Théâtre-Français ; mais l'auteur ne voulut pas la laisser représenter.

A un âge où le bon goût n'est pas toujours formé, il fut couronné deux fois par l'Académie : en 1820 (1), pour une épître sur l'établissement du jury en France, morceau dans lequel se trouvent de nobles pensées exprimées en beaux vers , et en 1822 (2), pour une ode sur la Renaissance et François Ier. Des pièces qui ont été jouées, des contes en vers composés pour la Société des Bonnes-Lettres , dont il était membre, parurent alors et furent applaudis (3). Ces diverses productions, que tant d'œuvres sérieuses du jeune auteur devaient plus tard faire oublier, commençaient sa réputation de littérateur, et déjà sous une forme légère et spirituelle annonçant un mérite sérieux, révélaient tout ce qu'on pouvait attendre de la finesse, de la sensibilité et de la pénétration qui perçaient dans ses premiers écrits. Les tableaux de mœurs qu'il a tracés, quoique dans un cadre restreint, faisaient ressortir l'originalité de ses vues , et certaines expressions , nées d'une émotion puissante, indiquaient qu'en lui-même était une source vive où s'alimenterait son ardeur. L'imagination , le sentiment et l'enthousiasme ne s'acquièrent pas : ces dons de Dieu que ceux qui les possèdent laissent éclater, à travers les inexpériences de la jeunesse, sont le signe révélateur du vrai talent et l'espérance de l'avenir.

Après quelques années passées au secrétariat du duc de Duras,

(1) Et non en 1822 , comme le disent *la Biographie des Contemporains,* publiée par Rabbe, etc., et *la France littéraire,* de Quérard. — Rapport de la séance académique dans *le Moniteur universel* du 9 septembre 1820.

(2) Rapport de la séance académique dans le *Moniteur* du 26 août 1822.

(3) Rapports des séances de la Société royale des Bonnes-Lettres. — *Moniteur* du 4 janvier 1823 et du 24 janvier 1825 , etc.

il fut nommé chef du bureau de la chambre du roi, en septembre
1817 (1). Louis XVIII le choisit aussi pour lecteur en 1820 (2).
Son admirable talent en ce genre, l'urbanité de son esprit et la
manière charmante dont, en société, il jouait la comédie, le
faisaient rechercher dans tous les salons. On ne tardait pas à
l'estimer quand on connaissait davantage la noblesse et la rare
honnêteté de son cœur. Le 2 juillet 1817, il fit un mariage d'incli-
nation, en épousant Mlle Rosine Ogé. Nommé chevalier de la Lé-
gion-d'Honneur en 1823, Charles X, à son avénement, lui donna
le titre de secrétaire de la chambre, dont il remplissait les fonctions depuis plusieurs mois (3). Dans cette position plus brillante,
il se trouva en relation avec tous ceux que naguère il admirait
de loin, et continua de suivre l'attrait irrésistible qui l'entraînait
vers les belles-lettres. Tous ses vœux se trouvaient alors réalisés,
tant était modérée son ambition ! Il aimait à remplir les
devoirs d'une charge qui, souvent, lui faisait distribuer des
grâces, accorder des bienfaits et consoler ces misères qu'il est si
bon de pouvoir effacer ou du moins adoucir. Ce bonheur-là,
que tous, plus ou moins, nous avons goûté dans notre existence,
il le sentait dans ce qu'il a de plus doux et de plus délicat ; et
quand la soudaine révolution de 1830 vint mettre un terme à
ses fonctions, son premier regret ne fut pas pour son avenir
brisé, mais pour le bien qu'il ne pouvait plus faire et auquel, il
l'a souvent répété depuis, il avait dû ses meilleures et plus
pures jouissances. Privé du bonheur de faire des heureux, il se

(1) *Biographie des Contemporains*, par Rabbe.
(2) *Idem.*
(3) C'est bien 1824 et non en 1821, comme le dit la *Biographie des
Contemporains*. — Voir les Almanachs royaux et une lettre écrite par
Mennechet, à propos de la mort du duc de la Châtre, le 16 juillet 1824,
et signée encore *chef du bureau du roi*, et non secrétaire. — *Moniteur
universel.*

répétait à lui-même ce vers qu'il avait écrit dans une de ses bonnes compositions :

« Oui, l'homme n'est heureux que par le bien qu'il fait. »

Après ce revers, il se trouva en face des nécessités de la vie sérieuse, sans fortune acquise, sans travaux achevés. Il est vrai qu'il avait en lui-même les ressources que l'homme de cœur et d'intelligence tient toujours en réserve, et auxquelles il fait appel dans les heures solennelles de la vie. L'adversité grandit les nobles caractères, et l'énergie, la volonté, le talent enfoui, leur viennent en aide pour lutter contre la misère et reconquérir honorablement ce qu'un jour leur a fait perdre. Père de famille, il devait songer à l'existence des êtres chéris qui l'entouraient ; serviteur de Charles X, il avait voué à son ancien souverain un sentiment de dévoûment et de reconnaissance auquel il voulait toujours rester fidèle. Deux fois, il refusa d'accepter de Louis-Philippe une place pouvant améliorer sa situation. A ses yeux, c'eût été une lâcheté et une ingratitude. Il préféra ne compter que sur ses forces, et courageusement se mit à l'œuvre. « Je vous croyais un homme d'esprit, » lui dit à ce sujet M. de Talleyrand : « Vous saurez que je suis un homme de cœur, » répondit-il au diplomate.

Son premier travail, *Seize ans sous les Bourbons*, fut un hommage rendu à la royauté déchue. Il écrivit dans tous les journaux légitimistes. En 1832, il créa seul la revue *Chronique de France*, qui paraissait trois fois par mois. Il ne craignit pas d'y laisser voir ses opinions, d'y défendre énergiquement la duchesse de Berry, et parvint à soutenir cette publication pendant deux années, malgré la surveillance inquiète de la police. Quand cet ouvrage cessa de paraître, il prit la direction de *la Mode,* journal qui, malgré son titre léger, n'en abordait pas moins les questions politiques contemporaines et devint l'écho de la fraction légitimiste la plus ardente. Vainement, pendant dix-huit mois, il essaya de contenir l'entraînement des rédacteurs. Il ne voulait pas que, pour soutenir la cause qui avait pourtant toutes ses sympathies, on prodiguât les invectives et la haine. Ce ton acerbe, violent, ne pouvait s'allier à la modération de son caractère. Aussi aima-t-il mieux laisser passer ses droits en d'autres mains, que de servir son parti au moyen de telles armes. Ici s'arrête, à vrai dire, sa vie politique.

Il abandonna la discussion quotidienne, pour s'occuper de travaux plus sérieux ; car, quoique toujours attaché aux opinions qu'il avait défendues, il sentait que la polémique n'amenait aucun résultat utile à ses anciens maîtres, que la royauté nouvelle s'affermissait en même temps que s'éloignaient les chances de retour pour la famille exilée ; et si, dans son cœur, il conserva le culte du souvenir, il lui sembla qu'il se devait à des œuvres plus utiles et plus fécondes.

Quel que soit le point de vue où nous nous placions, quelque système de gouvernement qui ait nos préférences, nous ne pouvons que rendre hommage à l'unité de la carrière politique de Mennechet, à ses sentiments généreux, à sa tolérance pour les hommes qui n'étaient pas de son parti. Et ce dernier trait n'est-il pas la marque distinctive des esprits éclairés ? Toutes les opinions honnêtes ont droit au respect ; car, dans toutes les manières de voir, il peut se rencontrer de généreux desseins, des dévoûments chevaleresques, des vues hardies et lumineuses. Nos courtes appréciations personnelles, nos tendances passionnées doivent-elles nous fermer les yeux à la vérité qui brille sous un autre drapeau ? doivent-elles étouffer la générosité, briser les liens sacrés de l'affection ? Mennechet déplorait l'aveuglement funeste où conduit l'esprit de parti, en conservant toujours une fidélité inébranlable pour les rois ses bienfaiteurs.

Ces divers travaux ne l'avaient pas empêché, en 1833, de

publier le premier numéro du *Panorama littéraire de l'Europe*, feuille périodique, d'où la politique contemporaine était exclue, pour ne donner accès qu'à la peinture des révolutions qui agitent la république des lettres et en sont le mouvement et la vie. Dans notre pays, on n'avait goûté pendant longtemps que la littérature française. Une femme inspirée, Mme de Staël, dans son beau livre de *l'Allemagne*, pour la première fois nous initia à cette poésie étrangère qui s'élevait alors étincelante de jeunesse, de verve et de gloire, avec Klopstock, Gœthe, Schiller. Depuis la Restauration, Byron et Walter-Scott avaient aussi fait invasion parmi nous ; mais tous les trésors de ces littératures n'étaient pas appréciés à leur valeur, et Mennechet, déjà collaborateur de la traduction des théâtres étrangers publiée par Ladvocat, eut l'honneur, un des premiers, d'avoir fouillé dans ces mines longtemps inexplorées, ouvertes à ses recherches, et d'avoir mis en lumière des chants d'une harmonieuse rêverie, des œuvres neuves et originales. Tant que vécut *le Panorama*, il se chargea des revues critiques. C'est là qu'on put reconnaître le classique fidèle aux bonnes traditions, conservant cette pureté de goût et de style qui de nos jours devient de plus en plus rare. Il n'était cependant pas exclusif et savait admirer les beautés de toutes les écoles. Tout en signalant les écarts du romantisme et prophétisant, à l'aspect des exagérations de détail qui commençaient à se glisser dans les œuvres de quelques écrivains, les abus du réalisme qui s'introduisaient victorieusement dans notre littérature, il comprenait que l'imitation tue le génie national ou l'empêche de naître, et admirait la hardiesse de l'esprit créateur qui s'écarte de la voie tracée, pour suivre ses propres inspirations.

En 1834, invitant tous les artistes en renom à lui prêter leur collaboration, il résolut d'élever un véritable monument à la gloire de la France, en faisant revivre cette phalange brillante

de grands hommes dont les noms résument toute une époque, révèlent une gloire nationale et exercent une influence puissante sur les destinées de la patrie. « L'éclat des victoires, dit
» Mennechet, s'efface ou s'altère, les cités s'écroulent et laissent
» à peine quelques ruines pour témoigner de leur grandeur,
» les peuples disparaissent ; mais lorsque naît un grand homme,
» c'est une gloire impérissable acquise à la patrie. Otez à l'an-
» cienne Grèce le souvenir de ses grands hommes, qui parlerait
» de ses victoires ? qui visiterait ses ruines ? qui remuerait ses
» cendres ? Interrogez le voyageur, le poète, l'artiste qu'un saint
» enthousiasme conduit parmi les débris et les décombres de
» l'antique civilisation ; que chercheront ses pas ? que deman-
» deront ses regards ? Est ce le champ de bataille de Marathon,
» de Leuctres ou de Mantinée ? Non ! Mais la tribune où ton-
» naient Eschine et Démosthène, mais le jardin où le vieil
» Homère, aveugle et pauvre, racontait aux fils les exploits de
» leurs pères dans une poésie sans modèle et sans rivale. Voilà
» les lieux qu'il cherche et qu'il demande. Et s'il s'arrête un
» moment au pied du rocher des Thermopyles, c'est qu'il croit y
» voir apparaître la grande ombre de Léonidas. Oui, c'est par
» les grands hommes qu'elles enfantent que les nations sont
» grandes dans l'histoire. Aussi, le livre où Plutarque a inscrit
» le récit de leur gloire et de leurs vertus est-il un monument
» dont les siècles n'ont pu détacher une seule pierre. Toujours
» intact, toujours jeune, toujours nouveau, il se montre à nos
» yeux dans toute sa majesté, comme ces hautes montagnes
» dont les cimes orgueilleuses sont telles encore que Dieu les
» tira du néant. »

A l'exemple du vieillard de Chéronée, malgré des difficultés sans nombre et les sommes considérables qu'il lui fallut dépenser, il parvint à terminer le *Plutarque français*, vérifiant ainsi ce qu'il avait écrit en tête de sa préface : « Ce que l'homme a fait, l'homme peut le faire. »

Cet ouvrage, conçu et publié à une époque où s'opérait un mouvement qui atteignait la société, la science, la littérature, les arts et la politique, avait un but de haute morale. L'histoire a toujours été la plus éloquente des leçons, l'exemple le meilleur des conseils. Ecrit par Guizot, Campenon, Mérimée, le comte Molé, Gérusez, etc., il déroule, depuis Clovis jusqu'à nos jours, les vies de toutes nos célébrités en quelque genre que ce soit. Chaque écrivain y a apporté le tribut de ses connaissances spéciales, et le fondateur, par sa persévérance, est arrivé à donner le jour à une œuvre extrêmement remarquable, digne d'être classée parmi celles qui ont une portée sérieuse et un but utile. Lui-même a tracé de main de maître les biographies d'Olivier de Clisson, de Jacques Cœur et de Mme de Sévigné.

A peine ce travail est-il achevé, qu'il entreprend d'écrire une histoire de France, qui, dans un récit serré, concis, indiquât les événements principaux, sans tomber cependant dans la sécheresse, écueil inévitable de presque tous les ouvrages destinés à la jeunesse. C'était une lacune à combler. Marchant sur les traces des érudits qui alors, par de persévérantes et laborieuses recherches, par de curieuses révélations, apportaient à l'histoire de nouvelles lumières, comme eux il a interrogé les siècles passés, les chroniqueurs et les annalistes de chaque époque, s'arrêtant sur les événements dignes d'intérêt, sur les découvertes, sur les progrès de la civilisation, et parcourant rapidement ces périodes stériles où n'ont germé ni espérances d'avenir, ni leçons utiles pour l'humanité. Entre une sèche analyse et une profusion de détails, entre trop dire et n'en pas dire assez, il il était une juste mesure que l'auteur a su tenir. Non content de raconter les faits, il a tâché d'en révéler les causes, associant ainsi la philosophie à l'histoire, et cherchant dans l'étude des

mœurs et des coutumes une plus juste appréciation des hommes.
Il a tenu compte de l'ignorance de certains âges du monde, et
c'est au point de vue des idées admises ou accueillies alors qu'il
les a jugés, prenant toujours pour base de ses considérations
les idées morales que Dieu a déposées dans le cœur de l'homme
et qui sont inaccessibles au changement. Attaché à la religion
catholique, il l'a suivie dans toutes ses phases, rencontrant
partout son influence, depuis le jour où elle détruisit l'esclavage
jusqu'au moment où elle devait enfin triompher de la barbarie
et favoriser les progrès des arts, des sciences et de la liberté ;
mais, éclairé et consciencieux, il ne confond pas le sentiment
religieux avec le fanatisme. Son âme honnête cherche impartia-
lement la vérité, et quand la tâche d'historien lui impose la
dure nécessité de consigner un fait honteux et dont toute l'hor-
reur doit rejaillir sur la cause qui a ses sympathies, il l'expose
avec cette élévation d'âme qui sent que l'aveu est préférable aux
excuses mensongères ou aux récriminations injustes. Cette histoire
est empreinte d'un vif sentiment national, religieux et monar-
chique, quoique évidemment l'écrivain n'ait pas voulu faire un
cours de politique ni s'appesantir longuement sur les avantages
et les inconvénients des diverses formes de gouvernement qui
ont régi la France. La royauté, la noblesse, la bourgeoisie, le
peuple, n'ont trouvé en lui ni un défenseur aveugle, ni un adver-
saire passionné. « Devant l'histoire comme devant Dieu, dit-il,
» tous les hommes sont égaux, comme Dieu elle doit les juger
» selon leurs œuvres. »

Bien conçu, bien coordonné, l'ouvrage de Mennechet est
aussi parfaitement écrit. Le style rapide, correct, élégant,
s'élève souvent jusqu'à l'éloquence quand l'indignation ou l'enthousiasme soulève l'âme de l'écrivain et communique à sa plume
l'élan qui l'anime. Dans la narration de cette horrible nuit de la
Saint-Barthélemy, comme le récit précipité peint l'anxiété de

ceux qui ont médité le crime, la fureur des assassins, l'effroi des victimes ; comme il a rendu douloureusement les remords qui tuèrent à vingt-quatre ans l'infortuné Charles IX, et comme il sent le besoin de justifier les catholiques, quand il s'écrie avec douleur : « Ah ! le fanatisme religieux sera donc toujours le » plus grand ennemi de la religion ! »

Avec quelle vigueur de touche, quel ardent sentiment, il a esquissé les pages sanglantes de la Terreur. Il déteste de la révolution tout ce qui n'est pas la vraie, la sage liberté, et il a des larmes touchantes pour les infortunés qui payaient de leur sang les fautes du passé et les haines du présent.

A son apparition, cette œuvre eut un succès réel. Couronnée par l'Académie en 1840 (1), elle a toujours été plus appréciée à mesure qu'elle a été plus connue. Mennechet ressentit un véritable bonheur d'un accueil qui dépassait ses espérances et l'engageait à ne pas abandonner les travaux sérieux et instructifs. Depuis longtemps il avait le désir d'organiser des leçons littéraires, où les jeunes gens pussent venir achever leurs études. Les cours de la Sorbonne et du Collége de France, malgré leur incontestable supériorité et le talent si éminent des professeurs, ne lui semblaient pas toujours atteindre ce résultat, qui ne peut être obtenu que par un enseignement méthodique rigoureusement exact. Il se proposa de remédier à l'insuffisance de nos chaires publiques, en suivant une marche régulière et chronologique, pour former ainsi une histoire des lettres et de la civilisation. Son but fut promptement compris et encouragé. Il réunissait au savoir, acquis par de savantes études, un grand charme de diction qui lui attira bientôt un public nombreux et choisi. Pendant cinq ans, il captiva son auditoire avide de l'entendre, et il développa, sous le nom de *Matinées littéraires*, le

____

(1) Rapport de la séance académique. — *Moniteur* du 15 juin 1840.

cours de littérature le plus complet qui ait été fait jusqu'alors. Il y ajouta même son traité de *Lecture à haute voix*, ouvrage dans lequel il essaie de mettre en principe l'art admirable qu'il possédait à un si haut degré. Moins partial que La Harpe, peut-être aussi moins sérieux, il ne se traîne pas comme cet écrivain célèbre dans des subtilités infinies, et le laisse bien loin par le charme et l'agrément du récit. Il a présenté le tableau de la *littérature grecque* et de la *littérature romaine* (1), et a apporté des vues neuves et piquantes dans ses appréciations des poésies celtiques, scandinaves et bretonnes. Dans ces dernières surtout l'homme a laissé éclater ses sentiments pour le pays qui l'a vu naître. Le légitime et saint amour de la terre natale lui a inspiré des pages pleines de chaleur et de poésie, tant il est vrai que, malgré l'éloignement, vibrent toujours au cœur de l'homme les premières impressions reçues, les premières joies de son enfance, et le talent s'empreint pour ainsi dire de tous les souvenirs touchants et ineffaçables emportés sous d'autres cieux. Prenant ainsi chaque littérature à son origine, il la conduit jusqu'à la fin du XVIIIe siècle. Il passe en revue toutes les époques, et, par ses critiques judicieuses, il met en lumière les grandes beautés que son enthousiasme artistique lui fait sentir. S'il signale avec une austère franchise les taches qui souillent un tableau ou le talent qui s'égare, jamais, à l'analyse d'un ridicule ou ennuyeux ouvrage, il n'a laissé percer des traits de sarcasme contre l'auteur et ne s'est emporté à cette injuste amertume, à cette inimitié sans raison, abus trop fréquent de la critique contemporaine. Sa tolérance et l'élévation de ses sentiments donnent à son œuvre un caractère aimable

(1) Cette partie du cours n'a pas été imprimée. Nous savons que Mme veuve Mennechet, à l'époque d'une nouvelle édition, la joindra au *Cours complet de littérature moderne*. Aucun livre de ce genre ne présente encore un pareil ensemble d'enseignement.

qui touche et séduit le lecteur. Il faut lire la censure qu'il fait de J.-B. Rousseau, pour être pénétré de la vérité de notre éloge, pour comprendre cette répugnance d'un esprit loyal à admettre les faits douteux ou calomnieux accrédités sans fondement et restés comme une tache sur la mémoire de l'écrivain. Nous retrouvons les mêmes qualités, quand, après une brillante peinture des auteurs du grand siècle, il arrive à cette époque de transition, qui n'est plus le XVIIe siècle, si correct, si classique, qui pourtant n'est pas encore le XVIIIe, irréligieux et philosophique. Inflexible et droit, il constate avec douleur la disparition de l'étoile radieuse de la foi, éclipsée par les doutes des philosophes et les railleries des incrédules, et voit, à travers l'immense corruption des mœurs qui se reflètent dans les productions de l'esprit, poindre et grandir les idées d'indépendance et de progrès. Arrivé à Voltaire, il avoue son embarras pour formuler son opinion sur la vie et les œuvres de cet immense esprit, de ce grand écrivain qui résume son siècle. Il lui semble difficile de ne pas être accusé de partialité et l'on comprend cette hésitation ; car qui plus que Voltaire a eu des adorateurs passionnés ou des ennemis injustes, aveugles et sourds trop souvent aux bonnes et touchantes inspirations du poète? Mennechet, tout en regrettant que le caractère de l'homme ne soit pas à la hauteur du génie de l'écrivain, en blâmant énergiquement les œuvres indignes d'un tel talent, les attaques odieuses contre le christianisme, fait admirablement valoir les titres qui assurent à l'auteur de *Zaïre*, à l'historien du grand siècle, un nom immortel.

Un de nos premiers professeurs, de nos plus habiles critiques, M. Villemain, a lui aussi abordé cette littérature du XVIIIe siècle. Peut-être a-t-il plus sérieusement traité certains faits importants par les résultats immenses qu'ils ont eus sur les lettres, il a plus creusé dans le passé pour mieux apprécier l'avenir ; mais

Mennechet n'avait pas la prétention de disserter savamment, il voulait, en restant plus simple, trouver un plus facile accès auprès des jeunes intelligences auxquelles il s'adressait. Ces deux ouvrages comparés nous ont prouvé ce qu'on peut glaner dans les fruits du génie, ce qu'on tire d'instruction des richesses fécondes laissées par l'intelligence humaine.

Nous nous sommes étendue longuement sur les travaux de Mennechet, parce que nul auteur plus que lui ne s'est peint dans ses œuvres. Sa vie littéraire a été l'image de sa vie privée, qui s'est écoulée sérieuse et calme au milieu de sa famille. Il a communiqué à ses travaux le caractère honnête, doux, égal qu'il avait dans la société. S'il ne rencontra pas l'occasion de faire de ces actions d'éclat qui frappent le vulgaire, il maintint toujours son dévouement, sa bonté, son amour du devoir. Modeste et au-dessus du sentiment d'envie qui, trop souvent, tourmente le talent, il détestait les serviles moyens d'intrigue qui aident au succès. Ses éditeurs mêmes annonçaient à peine ses nouveaux livres, et son renom ne fut jamais dû qu'à son seul mérite. Fréquenté par les célébrités de toutes les écoles et de tous les partis, son salon était également ouvert aux jeunes gens qui se sentaient besoin d'une protection. Jamais il ne refusa son bienveillant appui, ses conseils éclairés, et plus d'un littérateur maintenant dans la vigueur du talent, pourrait avouer qu'au début de la carrière, alors qu'il flottait entre la crainte et l'espérance, Mennechet l'enhardit dans la route ouverte tandis qu'il éloignait de cette voie ceux qui ne pouvaient la parcourir sans échec ; et cela, non comme un juge qui décourage et dédaigne, mais comme un ami qui s'intéresse et comprend. Affable, il savait conserver ses amis. Un seul reproche peut-être lui a été fait. Insouciant de l'avenir, il ne se préoccupait pas assez des affaires d'intérêt, et, sur ce point, poussait son indifférence si loin, que plus d'une fois il fut victime de ceux qui ne traitaient pas ainsi cette question sérieuse. Mais cela ne tenait-il pas à la noblesse de son cœur, à l'élévation de son esprit, à ce je ne sais quoi qui fait que les âmes poétiques s'attachent moins aux biens terrestres et restent toujours un peu étrangères aux choses matérielles de la vie? D'ailleurs, son caractère heureux le portait à considérer les événements sous leur bon côté et à ne jamais douter des secours de la Providence, pas plus qu'il ne doutait de l'affection de ses amis. Il avait supporté ses épreuves avec une héroïque résignation. Une seule, la mort d'une fille, la jeune et charmante Mme de Couniac, enlevée à sa famille en 1837, l'atteignit cruellement, et c'est à peine si le temps ramena sur sa physionomie cette gaîté sereine qui en était presque le trait distinctif.

Vers la fin de 1844, il commença à souffrir d'un mal nerveux occasionné par l'excès de travail. Pour produire en quinze années des ouvrages nécessitant des recherches si profondes, tant d'examen et de patiente érudition, il avait fallu des travaux incessants qui avaient altéré sa santé et contrarié le genre de vie qu'il eût désiré mener. Il aimait le monde, la causerie, l'étude à certaines heures, mais non pas cette constante occupation qui tend et fatigue les forces de l'esprit; il se tuait, et après un an de souffrance, où se montra à découvert sa belle âme si croyante, il mourut, le 24 décembre 1845, entre les bras de la noble femme qu'il avait associée à sa vie. Son cours de littérature venait d'être terminé ; sans doute, et c'était là son espérance, il lui eût ouvert les portes de l'Académie.

La sympathie universelle s'associa à la douleur de sa veuve (1), de ses deux filles, Mme Hadot et Mme Poujade, de sa pauvre mère, qui revint à Nantes alors, inconsolable de survivre à un tel fils (2).

(1) Voir le *Moniteur universel* et le *Journal des Débats* du 27 décembre 1845.

(2) Mme Mennechet mère mourut à Nantes en 1849.

Quinze ans sont passés depuis que Mennechet n'est plus, et si sa réputation littéraire s'accroît de jour en jour, nous savons que son souvenir vit encore parmi les gens de lettres, parmi ses amis, parmi tous ceux à qui il a su faire du bien : c'est avec des témoignages d'estime et de regret qu'on plaint cette fin prématurée, au moment où son talent grandissait et promettait encore. Mennechet, notre compatriote, breton par le cœur, par les idées, par le caractère, avait depuis longtemps trouvé une place dans les rangs des hommes les plus distingués de notre époque. Écrivain, il a laissé des ouvrages utiles, sérieux ; homme, l'exemple d'une honnête vie de labeur et de bonnes actions. Il a tous les droits pour que la ville qui lui a donné naissance en soit fière et l'inscrive avec orgueil parmi ses plus dignes enfants.

BIBLIOGRAPHIE.

Mennechet a laissé les écrits suivants :

1. Ode en latin sur la naissance du roi de Rome, insérée en 1811 dans les *Hommages poétiques* de Lucet.

2. Ode sur le retour des Bourbons. — Paris, 1814, in-8°.

3. Caton d'Utique, trag. en 3 actes, imitée de l'anglais (d'Addisson). — Paris, Delaunay, 1815, in-8°. (Non représentée.)

4. Vendôme en Espagne, drame lyrique en 1 acte. — Paris, Roullet, 1823, in-8°.

5. L'Héritage, comédie en 5 actes et en vers. — Paris, Ladvocat, Barba, 1825, in-8°. (Jouée le 7 mai 1825 au Théâtre-Français.)

6. Contes en vers et poésies diverses. — Paris, Ladvocat, 1826, in-8°.

7. Epître à un juré sur l'institution du jury en France, pièce

qui a obtenu le prix de poésie en 1820. — Paris, 1820, in-8°.

8. La Renaissance des lettres et des arts sous François Ier, ode qui a remporté le prix de poésie décerné par l'Académie française en 1822. — Paris, impr. de F. Didot, 1822, in-4° de 12 pages.

9. Duché, Vandick, Colardeau, contes anecdotiques en vers. — Paris, impr. de C.-J. Trouvé, 1822, in-8° de 28 pages.

10. La Croix d'argent, anecdote militaire. — Nantes, impr. de Mellinet-Malassis, 1823, in-8° de 4 pages.

11. Fielding, comédie en 1 acte et en vers. — Paris, Ladvocat, 1823, in-8°.

12. Le Sage et Montménil, conte en vers. — Nantes, impr. Mellinet-Malassis, 1823, in-8° de 8 pages.

Les sept brochures précédentes ont été réunies en un volume intitulé : Comédies et Contes en vers, par M. Ed. Mennechet. — Paris, impr. Béthune et Plon, au bureau du Plutarque français, 1842, un vol. in-8° de 344 pages.

13. Une bonne fortune, opéra-comique en 1 acte. — Paris, Barba, 1834, in-8°.

14. Chronique de France. — Paris, Ladvocat, l'auteur, 1832-33, in-8° (ouvrage périodique qui a paru en novembre 1832 et 1833, par livraison de 16 pages, et dont la collection forme un volume).

15. Seize ans sous les Bourbons (1814-1830). — Paris, Urb. Canel; A. Guyot, 1832-1834, 3 vol. in-8°.

16. Le Panorama littéraire de l'Europe, par MM. Briffaut, Ch. Nodier, etc. ; Ed. Mennechet, directeur. — Paris, 1833-1834, 13 vol. gr. in-8°.

17. Des articles dans la *Mode*, journal périodique; Ed. Mennechet, directeur. — Paris, 1835-36.

18. Le Plutarque français, vies des hommes et des femmes

illustres de la France, depuis le Ve siècle jusqu'à nos jours. — Paris, Langlois et Leclercq, seconde édition, 1845, 6 vol. gr. in-8°.

19. L'Histoire de France, depuis la fondation de la monarchie, 1re édition en 1840, 2e en 1847, 3e en 1857. — Paris, Langlois et Leclercq, 2 vol. gr. in-18. (Ouvrage couronné par l'Académie française.)

20. Lecture à haute voix. — Paris, Langlois et Leclercq, 1855, un vol. in-18.

21. Matinées littéraires, cours complet de littérature moderne. — Paris, Langlois et Leclercq, 3e édition, 1857, 4 vol. gr. in-18.

Mennechet, outre les ouvrages que nous venons de nommer, a pris part à la traduction des continuateurs de Hume et Smolett (1820 et 1821), et à celle des chefs-d'œuvre étrangers publiés par Ladvocat; il a traduit pour le théâtre anglais, qui fait partie de cette dernière collection, *Chacun dans son caractère*, comédie de Ben Johnson, et l'*Homme franc*, comédie de Wicherly.

Nantes, Imp. v^e Mellinet, place du Pilori, 5.